I kona n riki bwa te tia reirei

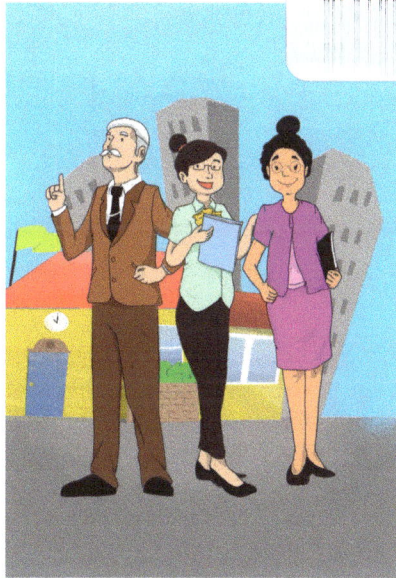

Te korokaraki iroun KR Clarry
Te korotaamnei iroun Rosendo Pabalinas

Library For All Ltd.

E boutokaaki karaoan te boki aio i aan ana reitaki ae tamaaroa te Tautaeka ni Kiribati ma te Tautaeka n Aotiteeria rinanon te Bootaki n Reirei. E boboto te reitaki aio i aon katamaaroaan te reirei ibukiia ataein Kiribati ni kabane.

E boreetiaki te boki aio iroun te Library for All rinanon ana mwane ni buoka te Tautaeka n Aotiteeria.

Te Library for All bon te rabwata ae aki karekemwane mai Aotiteeria ao e boboto ana mwakuri i aon kataabangakan te ataibwai bwa e na kona n reke irouia aomata ni kabane. Noora libraryforall.org

I kona n riki bwa te tia reirei

E moan boreetiaki 2022
E moan boreetiaki te katootoo aio n 2022

E boreetiaki iroun Library For All Ltd
Meeri: info@libraryforall.org
URL: libraryforall.org

E kariaiakaki te mwakuri aio i aan te Creative Commons Attribution-NonCommercial-No Derivatives 4.0 International License. E kona n nooraki katotoon te kariaia aio i aon http://creativecommons.org/licenses/by-nc-nd/4.0/.

Te korotaamnei iroun Rosendo Pabalinas

Atuun te boki I kona n riki bwa te tia reirei
Aran te tia korokaraki Clarry, KR
ISBN: 978-1-922918-56-7
SKU02437

I kona n riki bwa te tia reirei

Aikai taan reirei

A mwakuri n taabo ake a tabe ibukin tararuaakiia ataeintereirei ao kuura aika rietaata.

A reireiniia aomata
nako taan reirei

A kaboonganai bwaai ni mwakuri aika mwaiti taan reirei n reiakiniia iai aia ataei.

A kona n reiakinii rabakau aika kakaokoro nakoia rooro aika kakaokoro.

Iai naba taan reirei aika kaokoro bwa a angareirei i aon te katangitang, te takaakaro, ao taetae tabeua. A kona naba ni mwakuri n taabo ni kawakini boki.

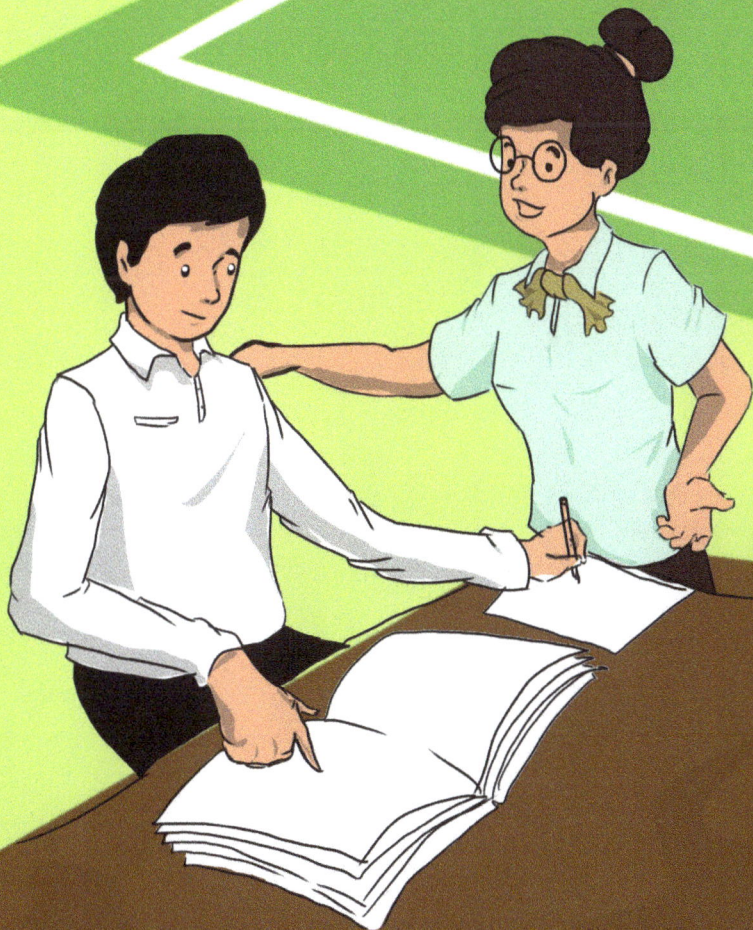

A mwaiti taan reirei ni
katoobibia te aonnaaba.

I kona n reirei n te kuura
ae rietaata ngkana I kan
riki bwa te tia reirei.

I aonga ni kona ni buokiia kain au kaawa bwa a na reiakinii rabakau ao ni karikirakei rabakauiia.

Ko kona ni kaboonganai titiraki aikai ni maroorooakina te boki aio ma am utuu, raoraom ao taan reirei.

Teraa ae ko reiakinna man te boki aio?

Kabwarabwaraa te boki aio.
E kaakamanga? E kakamaaku?
E kaunga? E kakaongoraa?

Teraa am namakin i mwiin warekan te boki aio?

Teraa maamaten nanom man te boki aei?

Karina ara burokuraem ni wareware
getlibraryforall.org

Rongorongoia taan ibuobuoki

E mmwammwakuri te Library For All ma taan korokaraki ao taan korotaamnei man aaba aika kakaokoro ibukin kamwaitan karaki aika raraoi ibukiia ataei.

Noora libraryforall.org ibukin rongorongo aika boou i aon ara kataneiai, kainibaaire ibukin karinan karaki ao rongorongo riki tabeua.

Ko kukurei n te boki aei?

Iai ara karaki aika a tia ni baarongaaki aika a kona n rineaki.

Ti mwakuri n ikarekebai ma taan korokaraki, taan kareirei, taan rabakau n te katei, te tautaeka ao ai rabwata aika aki irekereke ma te tautaeka n uarokoa kakukurein te wareware nakoia ataei n taabo ni kabane.

Ko ataia?

E rikirake ara ibuobuoki n te aonnaaba n itera aikai man irakin ana kouru te United Nations ibukin te Sustainable Development.

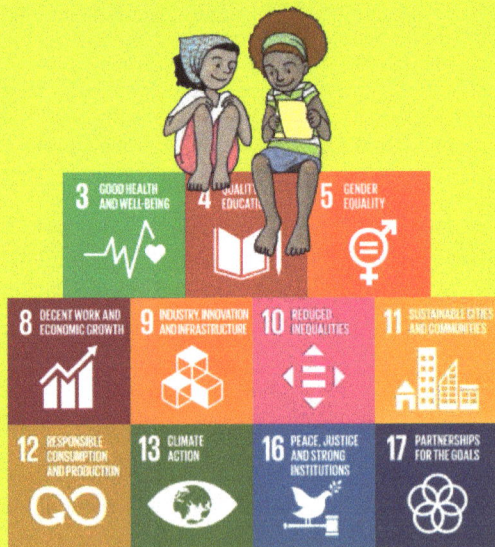

www.ingramcontent.com/pod-product-compliance
Lightning Source LLC
Chambersburg PA
CBHW040319050426
42452CB00018B/2916